ESPEJISMOS

Sebastián Waldo

Aliarediciones

Corrección: Eladia Guerrero
Diseño de cubierta: Jaime Galisteo
Ref. Imagen: *AdobeStock*
Maquetación: Aliar Ediciones

Depósito Legal: GR 285-2025
ISBN: 979-13-87590-66-6

Impreso en España

Edita
ALIAR Ediciones
www.aliarediciones.es
info@aliarediciones.es

ESPEJISMOS

Sebastián Waldo

Antiguo oficio humano
este de querer atrapar la luz.
Gioconda Belli

ESPEJISMOS

Si buscas la verdad renuncia a estas palabras,
pero abraza en cambio su ilusión
el estigma blanco de su niebla su dulce engaño
su germen de horas delirantes
su reflejo en el ventanal nocturno de las ciénagas.

No me esperes más en tu jardín de besos ficticios
espejeando en los reversos que compiten
con el pájaro de las horas boreales
y las verdades que se quiebran
en el precipicio de las máscaras.

Antes de que el tiempo reseque las alas
temo que los ángeles se desbaraten
si ella vuelve a soñar con la nieve
o espigas germinando para enhebrar
el crujido de las piedras despeñadas.

Pero hay una perseverancia oscura
de raíces disputando el despojo de las ruinas,
una pestaña desatando huracanes
de ramas rotas por el sendero de tu espalda
petrificada bajo el amor ausente de los grillos.

Apareces como el final de los parques
donde la ciudad vuelve al acecho
para aceptar que nada te pertenece
que todo es mentira bajo la letra
que abundas en el margen
en los distritos perdidos
que pasaron por alto los cartógrafos.

¿Cómo igualar siquiera el temblor de la telaraña
tras la lluvia en los cipreses del origen?

Tal vez la onda ya remota de la serpiente
deslizándose en el agua
como el hecho irremediable,
como el invierno que aguarda para oír la risa de la escarcha
doblegando rosas en la eternidad muda de los pórticos.

La tierra que mira de vuelta al cielo
con el ojo profético del Sahara
es el hogar de los espejismos,
la estirpe rabiosa del viento que arrastra
el deshilvanado sueño de la soledad.

Como gatos de Schrödinger
en la disyuntiva del microcosmos vivos o muertos
por un designio sin brújulas en el país binario

del equinoccio
y el angelical desvarío de los átomos.

Después de todo tendría que venir el vacío
con su voz terrible
carcomiendo la pompa de los tronos,
el silencio dormido en los espejos
donde relumbra la belleza
que se marcha levantando polvo
como el despegue aparatoso de los coleópteros.

DISCUSIÓN

Palabras que van y vienen como lluvias pasajeras.
Los abismos no saben nada,
pero sonríen oscuramente.

Un escalofrío de luciérnagas
pudo haber entrado la noche como el silencio
en la boca de los muertos.

EN EL DESGARRO DEL AFÁN

El abismo devolvió la mirada,
sabía que eras tú, reconocía tu sombra
en el soplo de la ceniza tras la caída de los reinos,
sabía que eras tú, arriba en las colinas
tras el bosque de abetos donde las mañanas convergen
hacia el rito del fuego y los rostros.

Sabía que eras tú, repitiendo
tan solo para convencer a la noche:

Yo permanezco,
frente al aire tibio de los cielos infernales,
la ciega frontera de la niebla que susurra en los baldíos,
las tormentas de insomnio
en el vendaval del tiempo errado, como el filo granítico
de los acantos,
inmutable.

CONTRALUZ

Antes del momento y luego exactamente,
antes pero después
se derrumbará entonces
antes, antes de que hubiera un ayer,
ni siquiera la sospecha del presente.

Antes del beso la boca
el sueño de ser antes para despertar.
Límites de iridio en adelante
humo barrido por ráfagas
antes de que gritaras tu nombre
para reconocerte en la sombra.

Antes que el sol reverberando
en la orilla de los mundos,
antes que el jadeo furioso del mar,
antes incluso de que los hechos se acumularan.

Antes de que un vapor de electrones
rondara en los páramos del abismo,
antes que la telaraña el aire
mimoso que la suspende
sobre olvidados monumentos.

Y antaño las vacías dimensiones
del fuego sin residencia para la ceniza.

Antes de que algo se revelara
el ojo que lo contempló con recelo,
el hondo respirar de las latitudes
antes que el norte obtuso,
el puente entre el silencio
y lo que calla porque nada tiene que decir.

Y mucho antes era tarde todavía…

INCERTIDUMBRE

Tenemos ante nosotros
la vastedad inagotable de las horas.

Y, sin embargo,
demasiado aprisa se consumen, arden y desaparecen
con el destello de años sumergidos.

¿Qué artefactos, qué quimeras del juicio
sobrevivirán después de muertos?

MOMENTO PERPENDICULAR

Entonces había espacio,
la materia llenaba los vacíos,
átomos huyendo de la soledad,
se encendían los soles,
el viento barría las primeras hojas,
el primer rayo de luz
bajaba entre las nubes a la tierra.

Pero nadie abría los ojos...

Porque todavía el hombre y la mujer dormían,
criaturas anónimas flotando tras el espejo tornasolado
del tiempo aprendiendo a envejecer.

APOCALIPSIS CIBERNÉTICO

El apocalipsis cibernético
será un error imperdonable en el sistema,
un Gólgota de algoritmos crucificados.

Se romperá el hilo fantasmal de las redes
y alguien triplicará la W por última vez
para que el ciberespacio responda
con un estertor del teatro del absurdo.

Como ojos tornados en estatuas
las pantallas congelarán la mirada
frente a rostros incrédulos,
perentorias medusas digitales,
y el *big data* implosionará
cual enana blanca en su ruta al abismo definitivo.

Se romperán los pactos binarios
y los bits serán desperdigados
por las llamas de Palo Alto
como una triste hojarasca humeante
entre las ruinas de silicio,
ardiendo mientras una avalancha de teclados rotos
sepulta para siempre la tumba de Turing.

Los informáticos harán fila para el suicidio
y faltará suficiente cable de red
para que todos puedan ahorcarse.

El olvido caerá
sobre la decrépita memoria ram del vacío
y los campos
quedarán regados con polvo de simulacros.

Los ídolos influenciadores comprenderán de golpe
su insignificancia
y nadie los reconocerá
en el fondo del abismo donde se arrojen,
porque ya no habrá festín de dopamina
ni artificio virtual alguno que oculte
la terrible herida del anonimato.

Millones de solicitudes de amistad
quedarán pendientes,
suspendidas en el intertiempo eléctrico
como un eco de abortadas cofradías,
nadie recibirá las ofertas de descuento,
los avisos bancarios de hipotecas,
los buenos y santos deseos
de la conciencia ubicua del mercado.

Los ortopedistas no darán abasto
para las hordas de confundidos cibernautas
intentando de nuevo erguir sus cabezas
y el viejo mundo será ancho y extraño para miles.

La bancarrota mundial del comercio en línea
atronará entre los templos de Wall Street
donde los inversionistas correrán despavoridos
antes de caerse muertos por la ausencia
de dólares para sustentar el peso de la materia.

Y será de nuevo el silencio espantoso
en que la humanidad se conoce a sí misma.

LA ROSA EN EL ESPEJO DE LA MENTE

Acabas de mirar una rosa
y este poema acaba
de repetir que acabas de mirar una rosa.

BELÉN

Son tus labios una geodésica infinita
la interrogación de los volcanes
el temblor de la telaraña
capturando los días el insomnio
de los bosques sin nombre
donde aguardan en sigilo las náyades
la nieve y su avalancha de corceles desbocados
en las tundras metálicas y una tragedia
o lo que se escribe
cuando hemos decidido renunciar.

FATALIDAD

Quiero recobrar esa secreta alquimia
de permutar tormentas en días claros,
el reverso misterioso de las hojas
que nunca se revelan para el sol
y el hilo para salvar los retornos
en el laberinto que de nuevo permita elucubrar
el sueño de una noche sin fin.

Ya conozco tu equilibrio de colibrí
suspendido al margen del tiempo,
embelesado en la promesa del néctar,
tu habitar entre costas de espanto
donde las salamandras se ahogaron,
donde tu amor es una isla desolada
como ciudades empezando
su descalabro hacia las ruinas.

ROMANCE

Bosque sigiloso de aromos
entre los flancos de la colina.
Hacia la fuente, tarde de amapolas,
en el silencio vigilante del invierno.

Por el camino sinuoso,
rodeado de abedules, me conduje.

En la fuente no había nenúfares
pero sí el techo derrumbado del cielo,
la paciencia infinita de lo ausente.

Bajo el alambre seco de los espinos
se escabulleron las lagartijas.

¿Qué quieres decirme, viento del oeste?

Ahora, junto al borde arenoso de las ciudades,
la hierba crece.

Me he refrescado en los meandros
oyendo a las hojas burlarse del cielo
porque nunca toca la tierra.

Si un colibrí se posara en mis manos
no podría sostener la ausencia de su aleteo.

VESTIGIOS

Augurios quebrantados entre las rocas,
entre la melena de los sargazos
a la hora de fuegos desfallecientes
entre descensos y pasos de regreso,
                    arrepentidos.

Ensombrecidos como playas de algas
expuestas a la tormenta del sol,
una sombra seca y desparramada sobre la arena.

Pero tú podrías ser esa ciudad deshabitada
que yo transite con paso vagabundo
                    antes del final de los días.

Estuvimos durmiendo en la quietud de los médanos,
despeñados entre mares y resacas de angustia,
en el barro de otro tiempo
en la pesada materia
donde Dios descansó sus brazos de albañil esmerado.

Cómo saber si fuimos flujos en reverso
o la conciencia de haber sido
porque las lágrimas se derramaron
                    y los besos fueron dados

los arrojaron en la mesa de las consumaciones
las ciénagas dormían en los remansos de la tierra
entrando en su propia hondura
los ángeles eran de piedra era demasiado terrible
el escrutinio del Creador.

Era mejor renunciar a los delirios
ser un nudo un arrecife
varado en los escondrijos del tiempo
un soplo temprano de lo inagotable
consumiendo la luz en las diademas
una palabra dicha a medias entre gritos.

No hay aceite para las lámparas
por eso fue la oscuridad barroca de la incertidumbre.

Que las despedidas reúnan todos los besos
que el cielo se quiebre y revele los engranajes
en la maquinaria del espacio-tiempo...
pero antes que nos devore
la intemperie desastrosa de los náufragos.

Fuimos como erráticos monarcas
bebiendo relámpagos de poesía
en la aceleración de cadencias indecorosas,
ebrios con la dulzura desperdigada

de panales que estallaron con el
<<zumbido>>
eléctrico
de los orgasmos.

¡Santos profetas de las divagaciones!
risotadas histéricas frente a los ídolos sacrosantos
mientras los dementes forcejean en sus camisones de
fuerza centrífuga y los ingenieros calculan
el costo de la CREACIÓN.

Alguien entró en lo sideral pero sin saber
bajó los escalones del alba y escuchó
el llanto de las madres
fue entonces que los péndulos
perdieron el impulso las ráfagas se arrepintieron
tras haber barrido los resquicios
que el polvo atesoraba como última evidencia.

QUIMERAS

Resuena por los confines
la apoteósica voz total de lo ya dicho,
aquí, en este instante,
ahora que solo una sombra prevalece
quiero escuchar himnos de voces nuevas
las palabras eran culpables
sangran en el patíbulo del silencio.

No quiero demorar en la deriva fatal
de mareas que no llegan a tocar las orillas
como aquellos rostros inescrutables
que la luz desea, no alcanza en las aristas
donde el humo sosiega la tiniebla
y tal vez haya que poner a hervir palabras
en las redomas
como científicos enloquecidos
en busca de alquimias imposibles.

LOS POETAS SALVAJES

A Gabriela Paz Morales

Somos una estirpe de condenados
en la víspera del juicio.

Fuimos heridos mortalmente
por palabras buscando la alquimia
de las redenciones,
una sola estrofa para decirlo todo.

Abatidos por secuencias de ritmo,
imágenes quebrando el orden,
alucinaciones métricas
por hablar en voz alta demasiado cerca de la verdad.

En los bosques
aterrados por el aullido de los lobos,
sangrando pero determinados
a desechar cualquier frontera
porque en el reverso de los espejos
tan solo el silencio nos aguarda.

No necesitamos condiciones de gloria,
las creamos estrofa por estrofa
en las páginas con que deliran los advenedizos,

los que piensan que un poema es el recuento
de su café por las mañanas o cualquier disparate
de bufones pretenciosos.

Más que mirar al abismo
queremos vivir en él sangrar en él
como bestias olvidadas
que un día cualquiera regresan
cubiertas con el aura del coraje.

Somos los poetas salvajes
que nunca encontraron a Cesárea
y que todavía vagan por los desiertos
con la persistencia de los órices
bajo el sol en un sueño de Namibia.

Hemos conquistado los áridos continentes de barro
en el fondo seco de las corrientes,
entre los valles de la humanidad
siguiendo el presagio del mar
tras el bosque en las colinas.

Escribimos haikus
bajo la lluvia tímida de abril,
danzamos en la música
de los vientos solares

recitando poemas
sobre los tejados
como oráculos febriles
del cielo nocturno.

En las cimas terrenales
anudando resonancias de arpas destrozadas,
giros inesperados del viento
que afloja su lira de arreboles
para que escuchemos
los pasos furtivos del otoño.

Colgados entre los capiteles
por haber proferido blasfemias
contra la santidad académica
luego de rasgar nuestras sotanas
de monjes enloquecidos.

Para nosotros y solo para nosotros
son las horas renunciando al tiempo,
la frágil esperanza de las miradas
bajo el neón candente de luciérnagas
en la noche ebria de conjuros.

POESÍA

—¡Cállate, poeta! ¿De qué hablas?
—Intento hacerte bella.
—Insensato, yo soy la Belleza.

EL SUEÑO DE LOS ESPEJOS

A veces podemos escuchar
el rumor plateado de los espejos.
Quisieran devolver una mirada compasiva,
soñar con las islas al otro lado del mar.

En sus ventanas de insondable aluminio,
día y noche replicando rostros
la discreción extraña de las cosas
cuando estamos solos,
la risa sofocante de la Belleza.

Cuántos de nosotros frente a ellos
nos sospechamos impostores,
cuerpos que cargan a otro,
sombras dolientes
entre los capiteles del día derrumbado.

Aún en ese dolor de espejos
no dudaríamos en cambiarnos.
Todo se daría por unos segundos antes de volver
resignados al eterno simulacro.

PERSPECTIVA

Nada es demasiado grande o pequeño.
Recuerda que para el gusano el gorrión es un titán.

FANTASMAS

El invierno hace soñar al cielo con días claros.
Los relojes se cansan de pronunciar horas
que solo anuncian
la llegada de las lluvias.

Tú esperas tras el muro de la soledad
la llegada del visitante cuyos pasos dejan
su estela en el barro.

Vuelves a pensar
en el rostro que dejaste olvidado en el espejo,
ahora que apenas somos un sueño de invierno;
un rumor de comensales
en la mesa vacía.

PAÍS ONÍRICO

Sucede
por este cordel telúrico
de voces amarillas
que a veces duermen
junto a la diadema silvestre
de las amapolas,
por este valle de raíz ignorada
donde las gaviotas siguen
el rastro del sol
y una noche milenaria
flota como el océano espectral
de la nostalgia,
por la pampa
de rugosas facciones,
la geometría ondulante de las costas,
su trono de arrecifes
donde comulga la madera derrotada
del naufragio,
la piedra difunta
en las cimas bajo la nieve
de los días acumulados.

¿Cuántos inviernos te horadaron,
madre andina,

reuniendo huesos de tus hijos desperdigados
como el polen polvoriento y triste
de antiguas ruinas?

¿Qué dilemas enfrentó el sol
para surgir entre el granito
sedimentario de tu altura?

¿Qué hace falta para de nuevo
caminar descalzos
sobre la tierra?

Índice

Este libro se terminó de editar en Granada
en febrero de 2025 por

www.aliarediciones.es
info@aliarediciones.es